AF310825

M. COTI

SOUS-PRÉFET DE SAINT-CLAUDE

ET

LA BASSE PETITE PRESSE

MONARCHIQUE

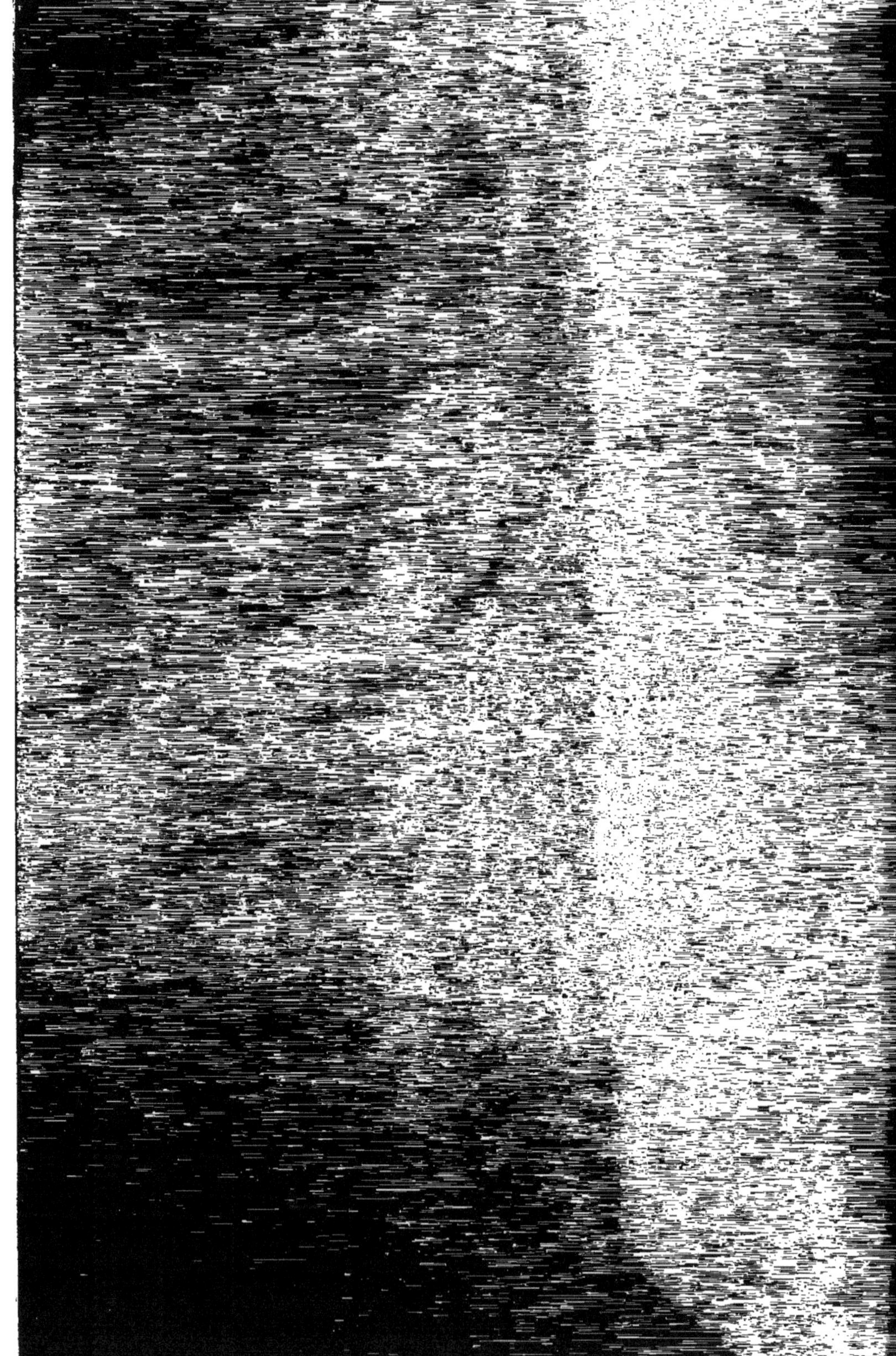

M. COTI

SOUS-PRÉFET DE SAINT-CLAUDE

ET

LA BASSE PETITE PRESSE

MONARCHIQUE

M. COTI

Sous-Préfet de St-Claude

ET LA BASSE PETITE PRESSE MONARCHIQUE

Les *petits papiers* de la réaction se livrent, à certaines heures, à des attaques rétrospectives contre notre honorable et sympathique sous-préfet de Saint-Claude.

Heureusement que ces infamies contre lesquelles nous protesterons toujours, l'opinion publique, ainsi que le gouvernement républicain en ont fait, depuis longtemps, prompte et sévère justice. Le Garde des Sceaux de M. Thiers, l'illustre M. Dufaure, a flétri, après examen, la poursuite dont M. Coti a été victime, en 1864, par certains bandits de la magistrature impériale, de ces mots accablants : « *odieux complot de police.* » Son collègue de l'intérieur, M. Victor Lefranc, et son sous-secrétaire d'Etat, M. Calmon, l'un des vice-présidents du Sénat, ont jeté avec mépris, au panier des choses honteuses, après enquête, les dénonciations dirigées contre M. Coti. Plus tard, le Ministre de la Justice de notre vénéré président de la République, l'honorable M. Le Royer, aujourd'hui président du Sénat, a voulu, lui aussi, examiner de près, comme M. Dufaure, la monstrueuse procédure, et, comme M. Dufaure, l'éminent président l'a sévèrement jugée, et s'est fait, à partir de ce jour, le généreux et constant défenseur de M. Coti, du vaillant républicain insulaire qui, l'un des premiers, au berceau même du despotisme impérial, alors en pleine floraison, affirma la République et protesta contre le crime triomphant.

Mais puisque les anciens persécuteurs du sous-préfet de St-Claude s'abritent, comme des lâches qu'ils sont, derrière les feuilles véreuses des *belles petites* pour insulter encore à leur victime, nous leur opposerons les protestations indignées que souleva, en 1864, la condamnation en *appel*, à la simple majorité, du jeune avocat républicain, quoique *acquitté à l'unanimité* en première instance, aux applaudissements de ses concitoyens, sans distinction de partis.

Quelques jours après le prononcé de l'arrêt, surpris à la religion de la Cour par des témoins, recrutés dans les bas-fonds de la police, et dont quelques-uns connurent la Cour d'assises depuis, arrêt qui *infirmait le jugement d'acquittement* du tribunal correctionnel d'Ajaccio, un général, dont l'honneur et les services militaires sont au moins aussi éclatants que ceux de nos généraux les plus illustres, lui écrivait une lettre qui, seule, suffirait pour venger un condamné innocent :

Mon cher Coti,

Si vos ennemis, au prix de bien basses intrigues, ont gagné leur procès contre vous à la cour de Bastia, ils l'ont certainement perdu devant l'opinion publique, comme ils l'avaient perdu devant vos premiers juges, *sous les yeux desquels le fait qui vous était reproché s'était passé.*

Courage donc, mon cher Coti, et souvenez-vous que les arrêts de la justice, alors même qu'elle ne se trompe pas, ne sont point éternels !

Vous avez mon estime, comme un cœur droit, un esprit élevé que vous êtes ! Je vous prie de toujours compter sur mes sentiments les plus affectueux.

Tiburce SÉBASTIANI.

A la protestation éloquente du général Tiburce Sébastiani vinrent s'ajouter celles des *notabilités de tous les barreaux* de la Corse, et dont quelques-unes occupent actuellement de hautes situations dans la magistrature, dans l'administration départementale, dans les finances et l'Université. Des hommes, et des plus considérables dans le parti républicain, les Ernest Picard, les Alphonse Esquiros, les Frédéric Morin, les Hérold, les Eugène Pelletan, mêlèrent leur voix indignée à celle de la Corse entière. Nous nous bornerons pour aujourd'hui à citer la lettre que l'éloquent questeur actuel du Sénat, alors député, écrivit à la victime de la magistrature servile de cet Empire qui, né dans le crime, devait périr misérablement dans la honte, selon l'énergique expression du poète :

La vie est une lutte, mon cher ami, il faut lutter et marcher le front haut ; quand on a votre cœur et votre patriotisme, on doit en porter la peine dans un temps comme le nôtre ; ne vous étonnez pas des *inimitiés* que vous avez soulevées et des *rigueurs* qui vous frappent ; vous devez au contraire vous en glorifier, *ce sont vos titres d'honneur.*

Venez donc à Paris, c'est là encore qu'on vit le mieux ; vous échangerez de bonnes sympathies et de bonnes poignées de main et votre *blessure* sera guérie.

De tout cœur.

Eugène PELLETAN.

M. Arrighi, conseiller honoraire, ancien vice-président du Conseil général de la Corse, *un des juges de M. Coti en appel*, s'exprimait en ces termes, dans l'*Observateur* du 26 juillet 1872 :

Condamné à cause de ses opinions politiques, à une époque de réaction, à peine trois ans s'étaient-ils écoulés que, sur l'initiative du parquet d'Ajaccio, il était admis, sans la moindre difficulté, au bénéfice de la réhabilitation, quoique n'étant frappé d'aucune déchéance.

L'intègre magistrat, — qui est l'historien national de la Corse et le défenseur persévérant de toutes les causes justes et généreuses, — ajoutait :

Dans les condamnations, pour bien en apprécier la moralité, il faut s'attacher au *fait en lui-même* et surtout à l'intention de l'agent... Nous connaissons mieux que personne *la cause, le caractère et les circonstances au milieu desquels ce procès correctionnel fut engagé.*

Il serait à désirer pour la Corse, pour la justice et pour la morale, qu'il n'y eût jamais de plus coupables suborneurs de témoins.

Un client s'adressant à un avocat lui demande s'il peut, sans se compromettre, modifier un précédent témoignage. « Comme je crains de m'être trompé, je voudrais, dit-il, revenir à la vérité. » L'avocat répond : « qu'il doit écouter la voix de la conscience et qu'on ne saurait jamais trop se hâter de sortir d'une erreur quand elle peut être funeste à un innocent. »

Nous en appelons à tout homme impartial et de bonne foi, est-ce bien là ce que la loi qualifie de subornation de témoins.

Or, voilà de quelle énormité M. Coti se serait rendu coupable.

Le *Républicain* de la Corse, le 7 août 1872, s'écriait :

Il n'y a personne, dans notre pays, qui ignore que M. Coti, dans le procès correctionnel qu'il eut à subir, fut victime de cette réaction toujours vigilante, toujours agressive, toujours impitoyable, toujours prête, sous le moindre prétexte, à sévir contre les républicains, dont les convictions avaient résisté à toutes les séductions, à tous les entraînements, à tous les appâts.

M. Coti fut un de ces hommes !...

On sait dans quelles mains malheureuses se trouvait alors le dépôt de l'administration... On faisait du zèle avec de l'arbitraire ; on se montrait dévoué par des coups d'autorité et des abus de pouvoir... Les ennemis personnels devenaient des ennemis du gouvernement, et les ennemis du gouvernement ne devaient trouver ni trève ni merci. Pour des hommes qui avaient jeté leur conscience au fond d'un puits, tout moyen était bon, s'il pouvait être de nature à contribuer à la perte ou au déshonneur d'un ennemi... *Le procès de M. Coti fut donc un procès de tendance !* Des fonctionnaires trop zélés, épaulés par des témoignages, ayant une honteuse origine, parvinrent à égarer les juges du second degré. Et quand le Parquet d'Ajaccio, que représentait par exception, en 1868, un magistrat intègre, provoqua la réhabilitation de M. Coti, déjà réhabilité par le suffrage universel de la ville d'Ajaccio, par celui de *ses juges naturels*, ses confrères du barreau, qui le nommaient membre du conseil de leur ordre, la municipalité d'Ajaccio invitée à donner son avis, conformément à la loi, y répondit par la délibération suivante qui n'est qu'une éloquente protestation :

« Le Conseil saisit avec empressement cette circonstance pour
« renouveler à M. Coti, l'honorable membre de cette assemblée,
« le témoignage d'estime et de sympathie, qu'une condamna-
« tion encourue n'a pas un instant affaibli. Sous l'empire de ce
« sentiment auquel s'associe M. le Maire, le Conseil à l'una-
« nimité :

« Attendu que la conduite de M. Coti a toujours été exem-
« plaire, et que jamais ses concitoyens ne lui ont retiré leur
« estime, puisque, avant comme après le malheur qui l'a si
« cruellement atteint, il a toujours été élu, à la presque unani-
« mité des suffrages exprimés, conseiller municipal d'Ajaccio,
« et que ses confrères du barreau de cette cité l'ont nommé par
« deux fois membre du Conseil de leur ordre, dont il est en ce
« moment le secrétaire ;

« Attendu que M. Coti, qui a aussi l'honneur d'être l'un des
« administrateurs de la caisse d'épargne, trouve ses moyens
« d'existence dans les rentes provenant de ses nombreuses pro-
« priétés, et dans l'exercice de sa profession qu'il *honore par*
« *son caractère.*

« Est heureux de donner un avis favorable à la dite demande
« que le Conseil municipal désirerait voir vivement recueillir. »

Nous n'avons reproduit ce document que pour flétrir à
nouveau les persécuteurs à froid de ce digne et courageux fonctionnaire, et les attaques de la basse presse, dont
il est depuis longtemps l'objectif, et que relevèrent, avec le
Siècle, quand elles se produisirent pour la première fois en
1872, les deux grands organes de la presse parisienne, le
Rappel et la *République française*.

Nous ne résistons pas au plaisir de mettre leur opinion
sous les yeux de nos lecteurs :

La chasse aux fonctionnaires républicains continue sur toute
la ligne. Tout sert de prétexte pour les dénoncer, pour les insulter, pour demander, et, hélas ! pour obtenir leur remplacement
par des monarchistes.

Récemment (et nous citons ce fait parce qu'il est typique) le
sous-préfet de Corte était appelé en témoignage dans l'affaire
Arbinet. Il a dit, devant le Conseil, la vérité, rien que la vérité.
Mais la vérité était favorable à deux hommes qui sont plus fran-
çais que royalistes, MM. de Serres et Crémer.

Il n'en a pas fallu davantage pour que tous les journaux de
l'anarchie princière reprissent contre M. Coti la campagne odieuse
qu'ils avaient jadis poursuivie contre M. Valentin du Rhône,
contre M. de Flavigny, contre M. Andrieux. C'est toujours le
même système de calomnies sournoises que l'on répand d'abord
avec une certaine discrétion, qui éclate soudain dans un *cres-
cendo* formidable et auquel le gouvernement a eu jusqu'ici le
tort de beaucoup trop concéder.

On s'est donc emparé, dans le journalisme réactionnaire, d'une question assez obscure, adressée à M. Coti par le maréchal Baraguey d'Hilliers, et on représente l'ancien sous-préfet de Chalon, le sous-préfet actuel de Corte, comme un repris de justice, comme un suborneur de témoins, comme un avocat rayé du tableau, ayant perdu toute considération dans son pays natal et obligé de se réfugier dans la cohue parisienne.

Eh bien ! que M. Prudhomme se rassure. M. Coti n'avait pas été obligé de quitter sa ville natale avant la révolution de septembre. Bien loin d'y être frappé de déconsidération, bien loin d'être rayé du tableau des avocats, il était membre et secrétaire du Conseil de l'ordre. C'est en cette qualité qu'il fut nommé, sur la demande de l'honorable M. Ceccaldi, préfet et ancien conseiller général, membre du Conseil de préfecture de la Corse.

Il est vrai, — car il faut tout avouer, — que M. Coti était un des chefs énergiques de l'opposition dans l'île de Paoli. Il est vrai qu'après une de ces affaires passionnées, comme il s'en produit souvent dans ce pays un peu primitif, M. Coti, qui était la bête noire du préfet, fut poursuivi par le procureur impérial. Il est vrai aussi que le procureur général de M. Louis-Bonaparte demanda au barreau d'Ajaccio de rayer M. Coti de la liste de ses membres.

Mais il est vrai aussi que, malgré de vives instances, le barreau se refusa constamment à cette iniquité. Le procureur général de Louis-Bonaparte, furieux, interjeta appel de la décision qui maintenait l'avocat républicain : la Cour, toutes chambres réunies, consacra à son tour la décision du barreau qui était le plus éclatant témoignage en faveur de l'adversaire infatigable du bonapartisme.

Au milieu de tous ces procès, des élections municipales avaient lieu à Ajaccio, et M. Coti était nommé le premier sur la liste à une majorité écrasante. C'est aussi à la même époque qu'il était élu, quoique bien jeune encore, membre du Conseil de l'ordre des avocats. Ses collègues avaient voulu lui montrer que les persécutions qu'il avait subies n'ôtaient en rien à l'estime que tous les honnêtes gens professaient pour son caractère et pour son intelligence.

Après avoir été nommé, dès le lendemain du 4 septembre, conseiller de préfecture en Corse, M. Coti, par un avancement

des plus réguliers, fut nommé sous-préfet à Chalon–sur–Saône.
La situation était difficile et demandait un homme de beaucoup
de tact et d'une activité prodigieuse. Il y avait quelques dissi-
dences locales, et de plus il fallait ravitailler l'armée de l'Est,
car l'autorité civile contribuait bien plus dans ce temps-là au ra-
vitaillement des armées que l'intendance militaire. Le sous-préfet républicain de Chalon s'acquitta de cette tâche avec un zèle
au-dessus de tout éloge, tellement que le général Bourbaki, en
quittant la ville, lui envoya une lettre de chaleureuse sympathie.
Voici la fin de cette lettre :

« Laissez-moi vous demander, M. le Sous-Préfet, d'être l'in-
« terprète des sentiments de l'armée et des miens près des popula-
« tions que nous quittons; dites-leur que nous les remercions du
« plus profond du cœur... Agréez, M. le Sous-Préfet, l'expression
« de mes sentiments distingués, et veuillez accepter pour vous
« personnellement une bonne part de nos remerciements.

« Signé : C. Bourbaki. »

Et c'est après tant de services rendus, que la camarilla roya-
liste réclame la destitution de celui qui a travaillé avec honneur
à l'organisation de la Défense nationale! Ah ! c'est que, s'il faut
tout dire, c'est là au fond le véritable grief! C'est qu'on ne par-
donne pas à un fonctionnaire d'être républicain, surtout lors-
qu'on a fait preuve de patriotisme énergique, actif et intelligent.

Le gouvernement cèdera-t-il encore comme il a déjà cédé dans
l'affaire de M. Valentin, dans l'affaire de M. de Flavigny, dans
l'affaire de M. Andrieux? C'est ce que nous saurons bientôt.
Nous espérons toutefois que, dans une île où il y a plus d'élé-
ments démocratiques qu'on ne croit, et où il a laissé tant de
fonctionnaires bonapartistes dont MM. Rouher et Abbatucci ont
su utiliser l'influence, il épargnera un des rares agents de sa politique qui ne le trahissent pas. — Pelleport. *(Le Rappel).*

La *République française,* comme le *Rappel,* protesta en
ces termes à la même époque :

Dans leur compte rendu de l'affaire Crémer et de Serres, les
journaux bonapartistes ont constaté avec une vive satisfaction que

M. Coti, nommé sous-préfet à Chalon-sur-Saône, après le 4 septembre, avait antérieurement subi une condamnation.

Quelle trouvaille pour les réactionnaires! et comme à l'envi ils se mettent tous à crier haro contre les fonctionnaires républicains !

D'après les renseignements qui nous parviennent de Corse et qui émanent de personnes autorisées, il paraît cependant que M. Coti est simplement une des nombreuses victimes de la police impériale.

Républicain résolu, il jouissait, même sous l'Empire, d'une grande popularité à Ajaccio. Aux élections municipales, il arrivait toujours en tête de liste avec 1500 voix de majorité sur ses concurrents, et tous les ans, en plein conseil, il osait protester contre l'allocation des sommes pour fêter, au 15 août, la *saint Napoléon*.

Dans l'estime des procureurs impériaux, un tel homme était assurément dangereux. Qui pourrait, dès lors, s'étonner qu'il ait été poursuivi et condamné sous les prétextes les plus frivoles?

Chargé de défendre d'office, en police correctionnelle, un prévenu qu'il n'avait jamais vu, M. Coti a le malheur d'échanger quelques mots avec un témoin assigné à la requête du ministère public.

Aussitôt le jeune défenseur devint l'objet d'une inculpation pour fait de subornation de témoins.

Avait-il un intérêt quelconque à commettre le délit? Non, certes. Les premiers juges le reconnaissent et l'acquittent ; mais la Cour se saisit de l'affaire et condamne M. Coti, sur les réquisitions obstinées du ministère public. Vérité en deçà des Pyrénées, mensonge au-delà ! D'ailleurs, qui pourrait concilier la condamnation avec les motifs de l'arrêt que nous avons sous les yeux ? Le rédacteur y plaide évidemment les circonstances atténuantes et les plaide si bien que, d'après nous, il enlève à la prévention tout caractère délictueux.

Rendu à la simple majorité, cet arrêt souleva à tel point l'indignation publique, que l'un des magistrats aurait déclaré plus tard que la condamnation de M. Coti lui pesait comme un remords.

La population ajaccienne crut devoir protester à sa manière et vota à pleines urnes pour le condamné. D'un autre côté, le barreau d'Ajaccio n'hésita point à le nommer membre du Conseil de l'ordre. Vainement le procureur général demande la radiation du tableau. La cour de Bastia, mieux renseignée, refuse de la prononcer. Cette décision, rendue toutes chambres réunies, implique, ce nous semble, annulation de l'arrêt antérieur.

M. Coti a obtenu depuis des lettres de réhabilitation.

Nous ajouterons que les services par lui rendus à la cause de la Défense nationale et dont il a été remercié par le général Bourbaki ne permettent pas de révoquer en doute l'honorabilité et le patriotisme de l'ancien sous-préfet de Chalon.

Depuis qu'il administre l'arrondissement de Corte, M. Coti, par son esprit de conciliation et par la loyauté de son caractère, a si bien conquis les sympathies de la population que le conseil d'arrondissement lui a voté à l'unanimité des éloges publics.

(La République française).

Ces témoignages parlent plus haut que nous et vengent M. Coti des attaques de certains hommes qui, suivant la judicieuse observation d'un grand écrivain, ne peuvent déshonorer la presse, parce qu'il leur sera toujours impossible de l'honorer.

Mais nous devons cette justice aux journaux bonapartistes de la Corse qu'ils n'ont point voulu donner la publicité de leurs colonnes aux infamies des feuilles boueuses. Comme nous, ils savent la vérité sur cette fameuse affaire de subornation de témoins; ils connaissent les véritables motifs d'une condamnation imméritée, et le seul reproche qu'ils aient pu adresser à M. Coti qu'ils ont loyalement combattu depuis sept ans, c'est d'avoir fait respecter la République.

Les feuilles réactionnaires continentales contestent à M. Coti les services rendus par lui à la Défense nationale,

en 1870-1871. Les documents officiels répondront pour
nous à cette misérable assertion :

Après le général Bourbaki, dont le *Rappel* et la *République française* ont cité plus haut la lettre si honorable
pour l'ancien sous-préfet de Chalon-sur-Saône, le général Pélissier, ancien député de Saône-et-Loire, atteste :
« que, pendant toute la campagne de 1870-1871, M. Coti
« avait fait preuve de patriotisme et lui a été de la plus
« grande utilité pour l'approvisionnement et l'entretien de
« ses troupes, soit au camp de Chagny, soit dans les li-
« gnes de Verdun, Navilly et Seurres. »

Le général Bressoles, commandant, en ce temps, la hui-
tième division militaire, n'hésite pas à « rendre justice
« à son activité, à son dévouement, à son énergie, pen-
« dant les évènements de la guerre ; il déclare qu'il lui a
« été très utile à Chalon et qu'il s'est acquitté de cette
« tâche difficile avec un entier dévouement. »

Le général Crémer le remercie chaleureusement « des
« renseignements précis qu'il lui fournit sur les mouve-
« ments des Prussiens. »

Les Prussiens menaçant Navilly, M. Coti organisa la défense et demanda des secours au général Garibaldi qui
lui répondit, le 22 novembre 1870, par l'intermédiaire de
Lobbia :

Le commandant général de l'armée des Vosges n'a pas de forces disponibles à envoyer à votre secours sur Navilly ; tâchez de
vous défendre le mieux possible ; l'ennemi ne s'avancera pas trop
facilement, parce que nous avons des forces sur sa droite ; atta-
quez-le et tenez haut le drapeau de la République.

L'attitude résolue de M. Coti et les mesures de défense énergique prises par lui arrêtèrent les Prussiens dans leur marche en avant qui aurait pu être périlleuse pour leur droite, menacée par les forces du général Garibaldi. Les journaux de Saône-et-Loire de l'époque l'affirment.

Le maire de Chalon, M. Le Royer, frère de M. le président du Sénat, les députés actuels de Saône-et-Loire, ainsi que M. Demôle, sénateur, attestent les services de M. Coti dans ces terribles circonstances.

Après l'armistice, M. Coti fut nommé, sur sa demande, sous-préfet de Corte, le 25 mai 1871.

Son énergie empêcha tout désordre dans cet arrondissement ! MM. Daunassans, Poubelle et Schnerb, anciens préfets de la Corse, témoignent que, souvent, il a exposé sa vie pour que force restât toujours à la loi.

Un incendie terrible menaçait, un jour, de dévorer la forêt de Valdoniello, la plus belle forêt de la Corse. M. Coti se rendit, le premier, sur le lieu du sinistre. M. le Conservateur des forêts le remercia en ces termes :

En rendant compte à l'administration de l'incendie qui a eu lieu, au mois d'août dernier, dans la forêt domaniale de Valdoniello, je ne lui ai point laissé ignorer le concours que vous avez bien voulu nous prêter. M. le Directeur général appréciant le dévouement que vous avez montré dans la circonstance, me charge de vous exprimer ses chaleureux remercîments.

Enfin, M. Daunassans, actuellement préfet d'Indre-et-Loire, alors préfet de la Corse, lui adressait, le 12 janvier 1876, le télégramme suivant :

Je vous félicite de l'énergie que vous avez déployée en vous rendant, malgré l'ouragan, à Noceta, pour assurer la sécurité du scrutin. (Les partis étaient armés). Je signale au ministre cette nouvelle preuve de votre courageux dévouement à tous vos devoirs.

M. Coti compte à peu près douze ans de services administratifs, après avoir été de 1863 à 1869, premier conseiller municipal de la ville d'Ajaccio, administrateur de la caisse d'épargne et plusieurs fois membre du Conseil de l'ordre des avocats. Il est officier d'académie depuis le 14 juillet 1879. En accordant à **M.** Coti la distinction dont il a été l'objet récemment, le gouvernement républicain a fait acte de justice. Voici comment ce commencement de réparation a été accueilli par les journaux de Saône-et-Loire, du Cantal et de la Corse :

La *Démocratie charollaise* écrit :

Parmi les fonctionnaires qui ont été décorés à l'occasion du 14 juillet, nous remarquons M. Coti, sous-préfet de Saint-Claude.

M. Coti a été dans notre département un des organisateurs de la Défense nationale.

Les mobilisés de Saône-et-Loire n'ont pas oublié l'ancien sous-préfet de Chalon, le collaborateur émérite du regretté Frédéric Morin.

Nous sommes les interprètes des sentiments de tous les républicains charollais en envoyant à M. Coti les félicitations des républicains de Saône-et-Loire qui se souviendront toujours du temps qu'il a passé dans ce département.

La *Haute Auvergne*, de Saint-Flour (Cantal), apprécie en ces termes la décoration de **M.** Coti :

M. Coti a été nommé chevalier de la Légion d'honneur ; nous applaudissons sans réserves à cet acte de justice tardive. Républicain de la veille, M. Coti n'a jamais eu une heure de défaillance dans sa vie politique et administrative. Ses services, pendant la guerre de 1870-1871, constatés par tous les généraux qui ont évolué, pendant l'année terrible, dans nos généreuses provinces de l'Est, ont témoigné de son patriotisme et de son dévouement. M. Coti ne laisse, dans le Cantal, que des amis, et ses adversaires politiques eux-mêmes l'honorent de leur estime.

L'*Avenir du Cantal* et l'*Indépendant* d'Aurillac sont heureux, eux aussi, de s'associer aux justes éloges de leur confrère de Saint-Flour.

La *Solidarité* de la Corse applaudit à son tour à cette distinction méritée. Elle s'exprime ainsi :

Nous apprenons avec le plus vif plaisir que M. Coti, sous-préfet de Saint-Claude, vient d'être nommé chevalier de la Légion d'honneur.

Républicain de la veille, M. Coti a été en butte sous l'Empire aux plus odieuses persécutions. Il reçoit aujourd'hui la récompense bien méritée des longues et périlleuses luttes qu'il a soutenues pour le succès de la cause républicaine. Nous l'en félicitons de tout cœur au nom des nombreux amis politiques qu'il compte en Corse, particulièrement dans l'arrondissement de Corte qu'il a administré pendant plusieurs années avec une rare intelligence et une indépendance à toute épreuve.

Le *Journal de la Corse,* d'Ajaccio, félicite également le sous-préfet de St-Claude de la haute marque d'honneur que lui a décernée le gouvernement de la République :

M. Coti, qui a longtemps administré l'arrondissement de Corte, et qui compte à Ajaccio, sa ville natale, tant d'amis, méritait, et depuis longtemps encore, la distinction dont il a été l'objet. Sa décoration fera plaisir au parti républicain !

Tel est l'homme que les adversaires multicolores de nos institutions essayent de déshonorer! Ils oublient qu'il est le dernier représentant d'une famille historique de la Corse qui, pour la cause de la France de 1789, a sacrifié, non seulement sa fortune qui était considérable, mais versé son sang sur tous les champs de bataille de cette glorieuse époque. Dans un document historique que nous avons sous les yeux, nous lisons sur elle l'attestation suivante du général commandant en chef l'artillerie de l'armée d'Italie, et qui n'est autre que le premier Bonaparte. Elle est datée de Port-la-Montagne, 27 pluviose de la 3me année de la République une et indivisible :

Certifie qu'il est à sa connaissance que le citoyen Coti, capitaine, réfugié Corse (1), a montré de l'énergie et du républicanisme dans les différents évènements qui se sont passés en Corse, où il a, ainsi que ses parents, perdu ses biens qui ont été ravagés et confisqués par les rebelles et les Anglais ; que ce défenseur zélé de la patrie, qui a tout sacrifié pour Elle, n'a aujourd'hui d'autres ressources pour subsister que la munificence de la République.

Le sous-préfet de St-Claude a prouvé qu'il était bien le descendant de cette race profondément républicaine et passionnément française !

Un Républicain du Jura.

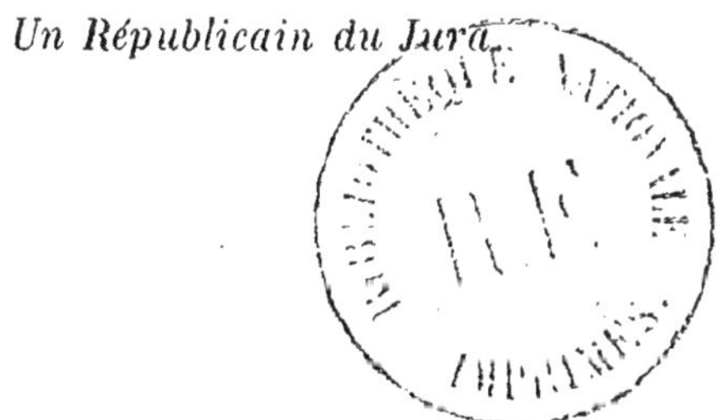

(1) Le grand père de M. Coti.

St-Claude, impr. de v. Enard.

20

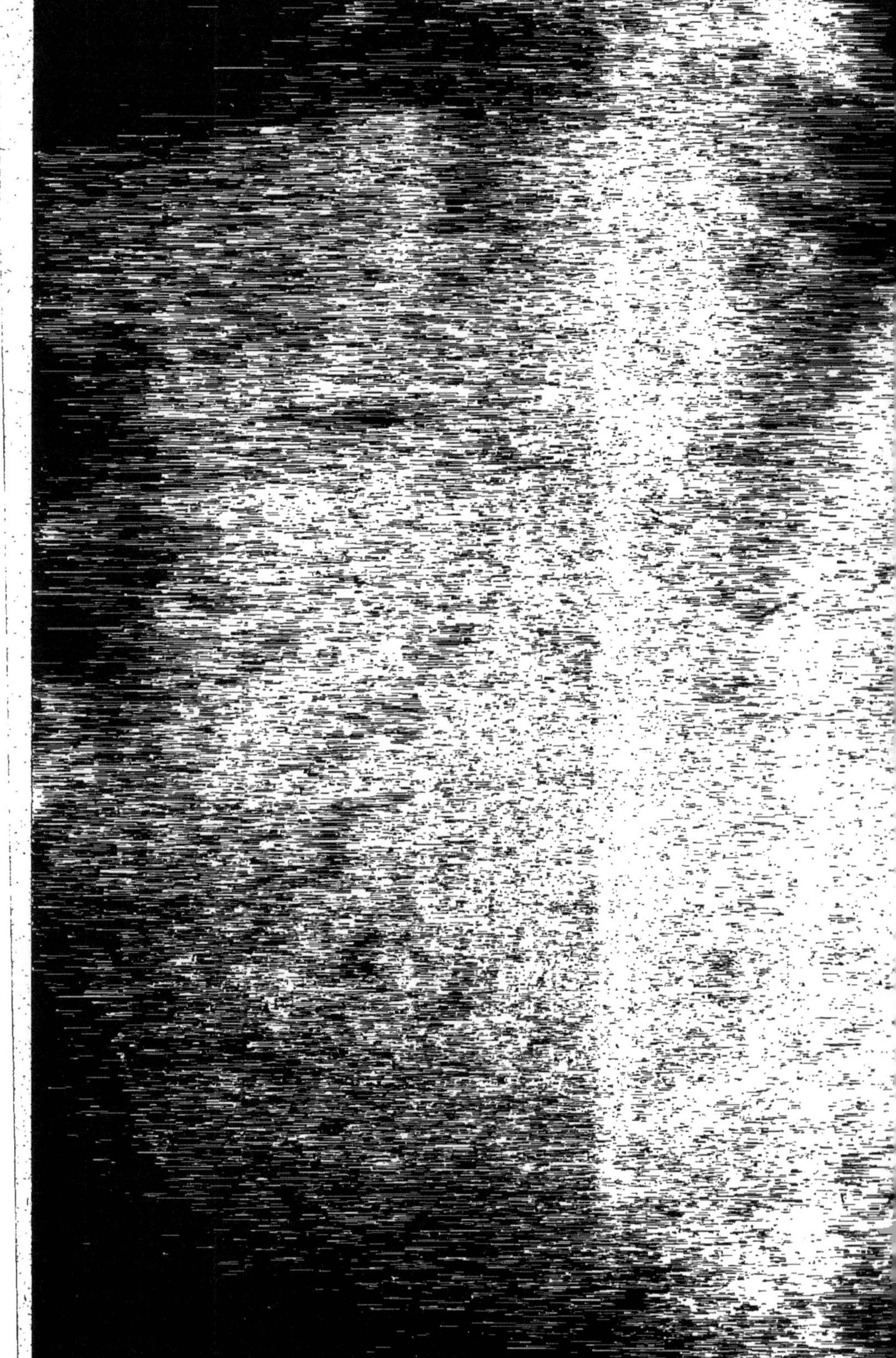

9 782019 625061